AF194023

Impressum
Verlag: BABADADA GmbH, Nedderfeld 112 , 22529 Hamburg
Geschäftsführer / Verlagsleitung: Harald Hof
Druck: Books on Demand GmbH, In de Tarpen 42, 22848 Norderstedt

Imprint
Publisher: BABADADA GmbH, Nedderfeld 112 , 22529 Hamburg, Germany
Managing Director / Publishing direction: Harald Hof
Print: Books on Demand GmbH, In de Tarpen 42, 22848 Norderstedt

l'école

koulu

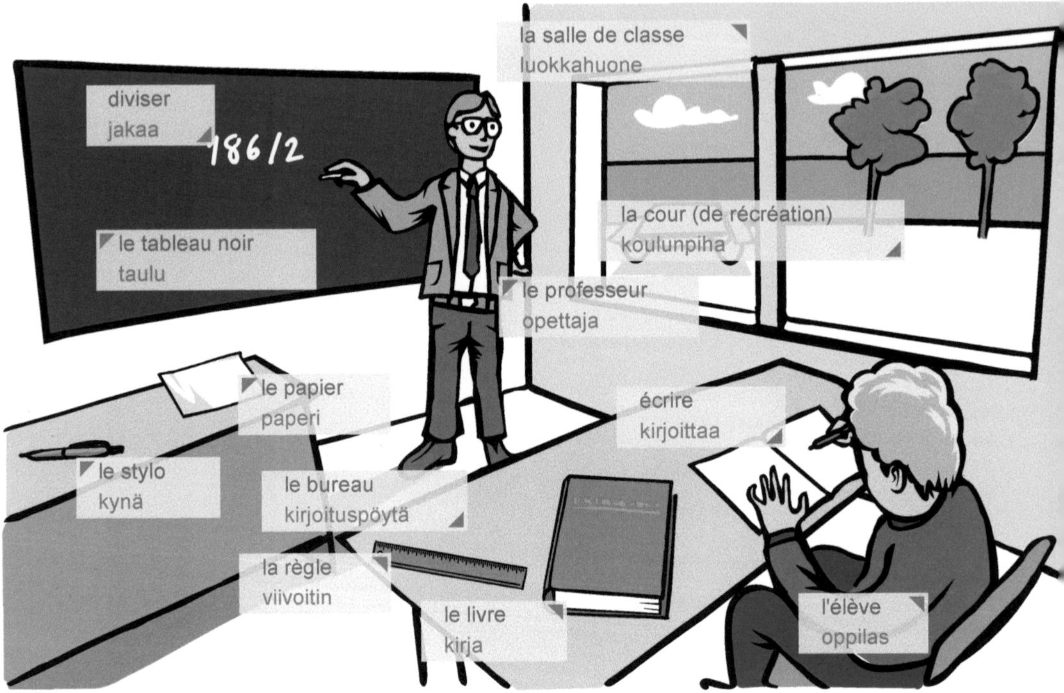
la salle de classe
luokkahuone
diviser
jakaa
186/2
le tableau noir
taulu
la cour (de récréation)
koulunpiha
le professeur
opettaja
le papier
paperi
écrire
kirjoittaa
le stylo
kynä
le bureau
kirjoituspöytä
la règle
viivoitin
le livre
kirja
l'élève
oppilas

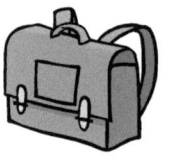

le cartable

reppu

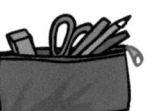

la trousse

penaali

le crayon

lyijykynä

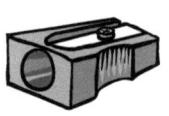

le taille-crayon

kynänteroitin

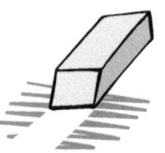

la gomme

pyyhekumi

le carnet à dessin

piirustuslehtiö

le dessin
piirustus

le pinceau
pensseli

la boîte de peinture
vesivärit

les ciseaux
sakset

la colle
liima

le cahier d'exercices
harjoituskirja

les devoirs
kotitehtävä

le chiffre
luku

additionner
lisätä

soustraire
vähentää

multiplier
kertoa

calculer
laskea

la lettre
kirjain

l'alphabet
aakkoset

le mot
sana

l'école - koulu

le texte

teksti

lire

lukea

la craie

liitu

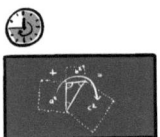

la leçon

oppitunti

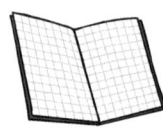

le livre de classe

opettajan muistikirja

l'examen

koe

le certificat

todistus

l'uniforme scolaire

koulupuku

la formation

koulutus

le lexique

sanakirja

l'université

yliopisto

le microscope

mikroskooppi

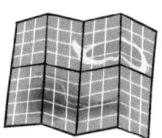

la carte

kartta

la corbeille à papier

roskakori

le voyage
matka

l'hôtel
hotelli
Grand
l'auberge
retkeilymaja
ROOMS
le bureau de change
rahanvaihto
EXCHANGE
la valise
matkalaukku
la voiture
auto

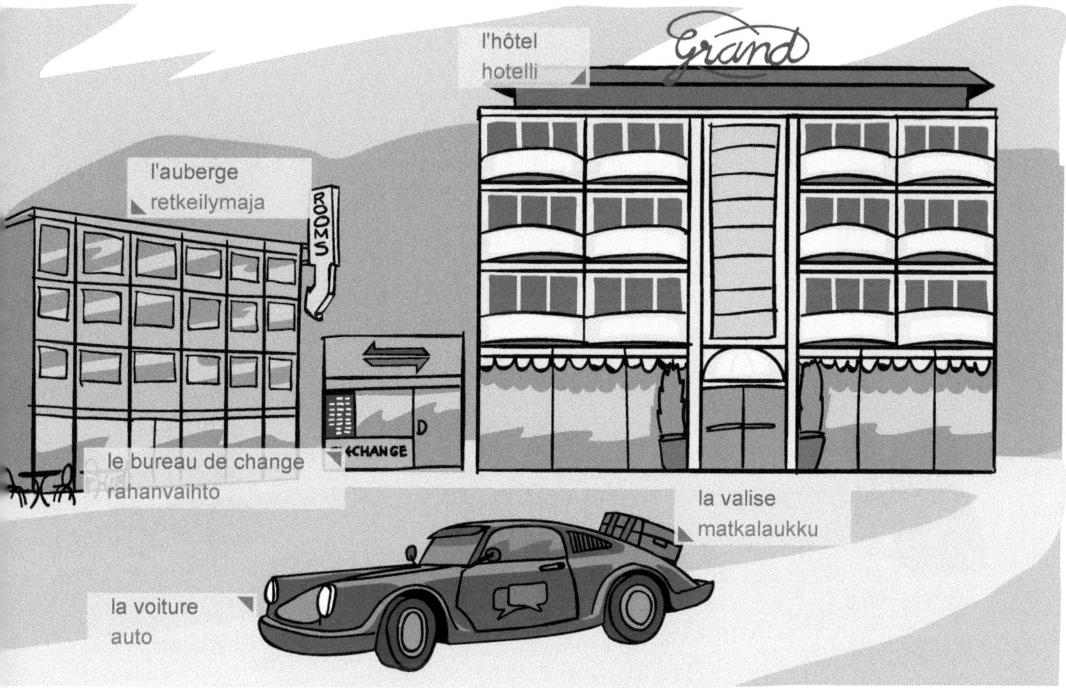

la langue

kieli

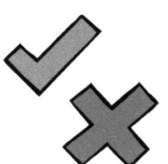

oui / non

kyllä / ei

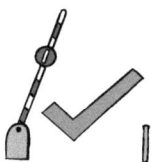

d'accord

selvä

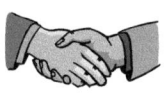

Salut

hei

l'interprète

tulkki

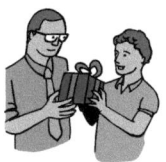

merci

kiitos

Combien coûte...?

Paljonko...maksaa?

Je ne comprends pas

en ymmärrä

le problème

ongelma

Bonsoir !

Hyvää iltaa!

Bonjour !

Hyvää huomenta!

Bonne nuit !

Hyvää yötä!

Au revoir

näkemiin

la direction

suunta

les bagages

matkatavarat

le sac

laukku

le sac-à-dos

reppu

l'hôte

vieras

la pièce

huone

le sac de couchage

makuupussi

la tente

teltta

l'office de tourisme

turisti-info

la plage

ranta

la carte de crédit

luottokortti

le petit-déjeuner

aamupala

le déjeuner

lounas

le dîner

päivällinen

le billet

matkalippu

l'ascenseur

hissi

le timbre

postimerkki

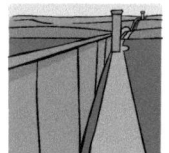

la frontière

raja

la douane

tulli

l'ambassade

suurlähetystö

le visa

viisumi

le passeport

passi

le voyage - matka

le transport
kuljetus

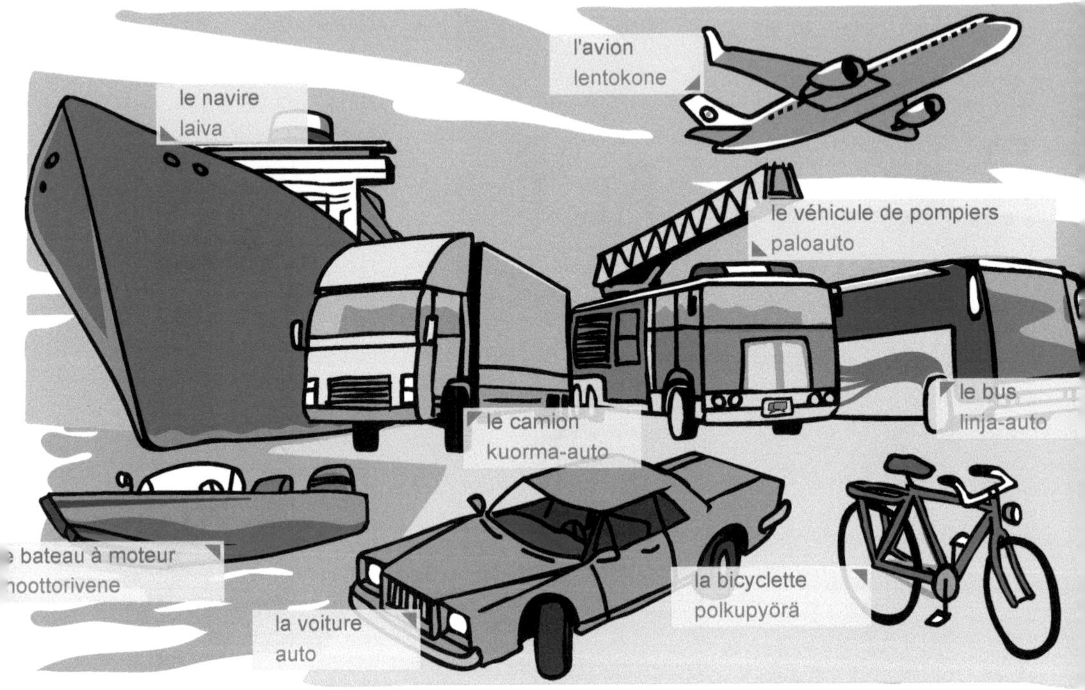
l'avion
lentokone
le navire
laiva
le véhicule de pompiers
paloauto
le bus
linja-auto
le camion
kuorma-auto
bateau à moteur
oottorivene
la bicyclette
polkupyörä
la voiture
auto

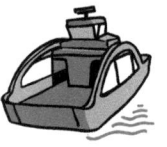

le ferry

lautta

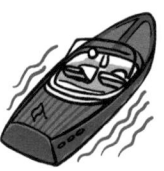

la barque

vene

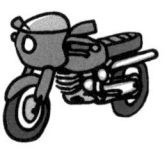

la moto

moottoripyörä

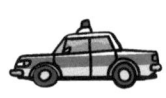

la voiture de police

poliisiauto

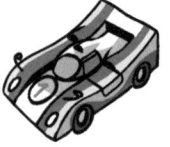

la voiture de course

kilpa-auto

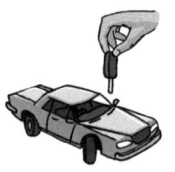

la voiture de location

vuokra-auto

l'auto-partage

car sharing

la voiture de remorquage

hinausauto

la benne à ordures

roska-auto

le moteur

moottori

l'essence

polttoaine

la station d'essence

huoltoasema

le panneau indicateur

liikennemerkki

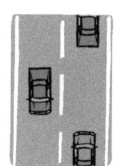

le trafic

liikenne

l'embouteillage

ruuhka

le parking

parkkipaikka

la gare

rautatieasema

les rails

raiteet

le train

juna

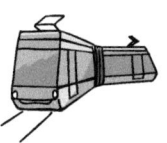

le tramway

raitiovaunu

le wagon

vaunu

l'hélicoptère

helikopteri

l'aéroport

lentokenttä

la tour

lähilennonjohto

le passager

matkustaja

le conteneur

kontti

le carton

pahvilaatikko

le chariot

kärryt

la corbeille

kori

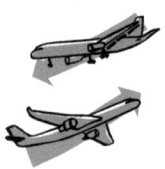

décoller / atterrir

nousta / laskea

la ville

kaupunki

le village

kylä

le centre-ville

keskusta

la maison

talo

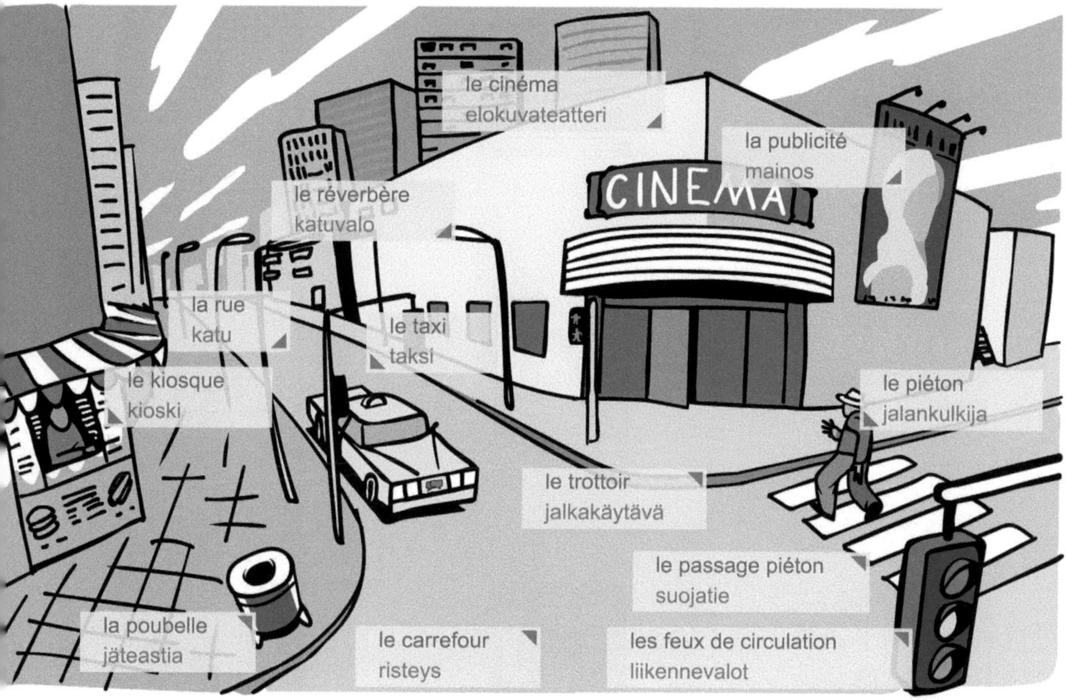

le cinéma
elokuvateatteri

la publicité
mainos

le réverbère
katuvalo

la rue
katu

le taxi
taksi

le kiosque
kioski

CINEMA

le piéton
jalankulkija

le trottoir
jalkakäytävä

le passage piéton
suojatie

la poubelle
jäteastia

le carrefour
risteys

les feux de circulation
liikennevalot

la cabane
mökki

l'appartement
kerrostalo

la gare
rautatieasema

la mairie
kaupungintalo

le musée
museo

l'école
koulu

l'université

yliopisto

la banque

pankki

l'hôpital

sairaala

l'hôtel

hotelli

la pharmacie

apteekki

le bureau

toimisto

la librairie

kirjakauppa

le magasin

liike

le fleuriste

kukkakauppa

le supermarché

supermarketti

le marché

tori

le grand magasin

tavaratalo

la poissonnerie

kalakauppias

le centre commercial

ostoskeskus

le port

satama

le parc
puisto

la banque
penkki

le pont
silta

les escaliers
portaat

le métro
metro

le tunnel
tunneli

l'arrêt de bus
linja-autopysäkki

le bar
baari

le restaurant
ravintola

la boîte à lettres
postilaatikko

le panneau indicateur
katukyltti

le parcmètre
parkkimittari

le zoo
eläintarha

le réverbère
uimala

la mosquée
moskeija

la ville - kaupunki

la ferme
maatila

la pollution
ympäristön saastuminen

la cimetière
hautausmaa

l'église
kirkko

l'aire de jeux
leikkikenttä

le temple
temppeli

le paysage

maisema

la feuille
lehti

le panneau indicateur
tienviitta

le chemin
tie

le pré
niitty

la pierre
kivi

le randonneur
retkeilijä

l'arbre
puu

la rivière
joki

l'herbe
ruoho

la fleur
kukka

la vallée

laakso

la montagne

vuori

le lac

järvi

la forêt

metsä

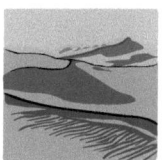

le désert

aavikko

le volcan

tulivuori

le château

linna

l'arc-en-ciel

sateenkaari

le champignon

sieni

le palmier

palmu

le moustique

hyttynen

la mouche

kärpänen

les fourmis

muurahainen

l'abeille

mehiläinen

l'araignée

hämähäkki

le coléoptère

kovakuoriainen

la grenouille

sammakko

l'écureuil

orava

le hérisson

siili

le lièvre

jänis

la chouette

pöllö

l'oiseau

lintu

le cygne

joutsen

le sanglier

villisika

le cerf

peura

l'élan

hirvi

le barrage

pato

l'éolienne

tuulimylly

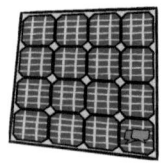

le panneau solaire

aurinkopaneeli

le climat

ilmasto

le restaurant
ravintola

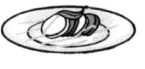

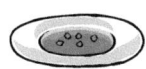

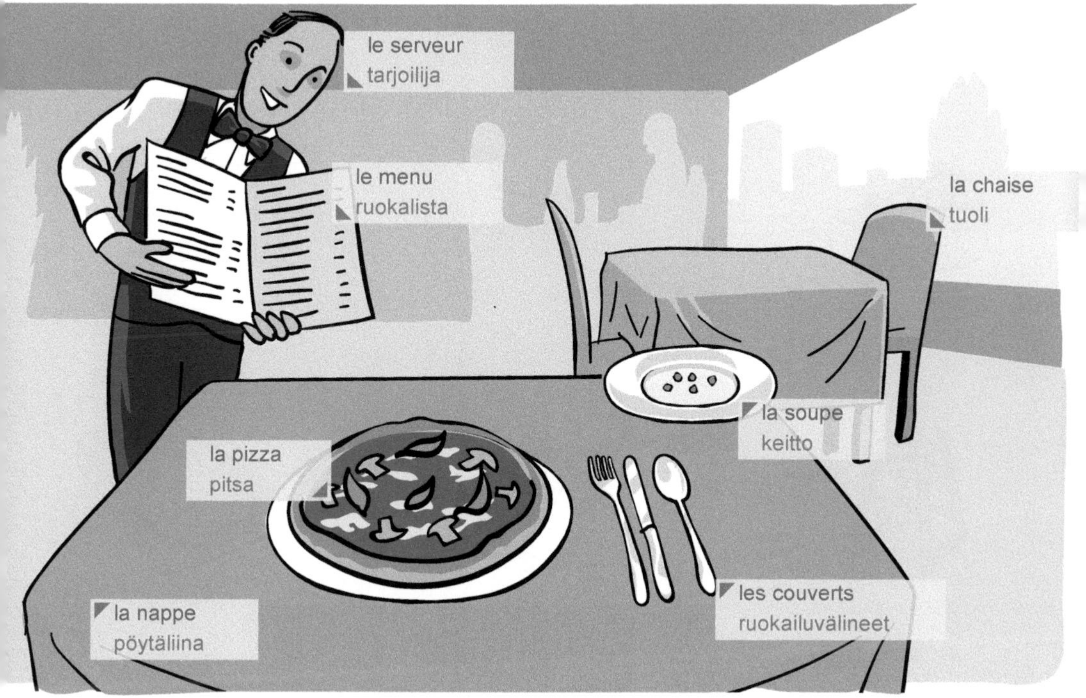
le serveur
tarjoilija
le menu
ruokalista
la chaise
tuoli
la soupe
keitto
la pizza
pitsa
les couverts
ruokailuvälineet
la nappe
pöytäliina

les hors d'œuvre

alkuruoka

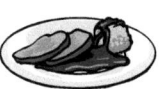

le plat principal

pääruoka

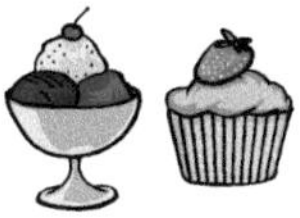

le dessert

jälkiruoka

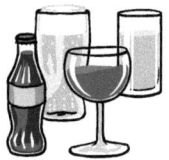

les boissons

juomat

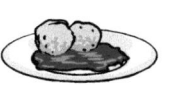

l'alimentation

ruoka

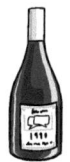

la bouteille

pullo

le fast-food
....
pikaruoka

les plats à emporter
....
katuruoka

la théière
....
teekannu

le sucrier
....
sokeriastia

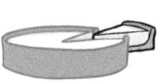

la portion
....
annos

la machine à expresso
....
espressokeitin

la chaise haute
....
syöttötuoli

la facture
....
lasku

le plateau
....
tarjotin

le couteau
....
veitsi

la fourchette
....
haarukka

la cuillère
....
lusikka

la cuillère à thé
....
teelusikka

la serviette
....
servietti

le verre
....
lasi

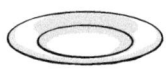

l'assiette

lautanen

l'assiette à soupe

syvä lautanen

la soucoupe

aluslautanen

la sauce

kastike

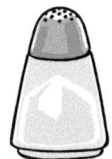

la salière

suolasirotin

le moulin à poivre

pippurimylly

le vinaigre

etikka

l'huile

öljy

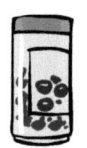

les épices

mausteet

le ketchup

ketsuppi

la moutarde

sinappi

la mayonnaise

majoneesi

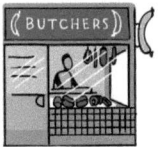

le supermarché
supermarketti

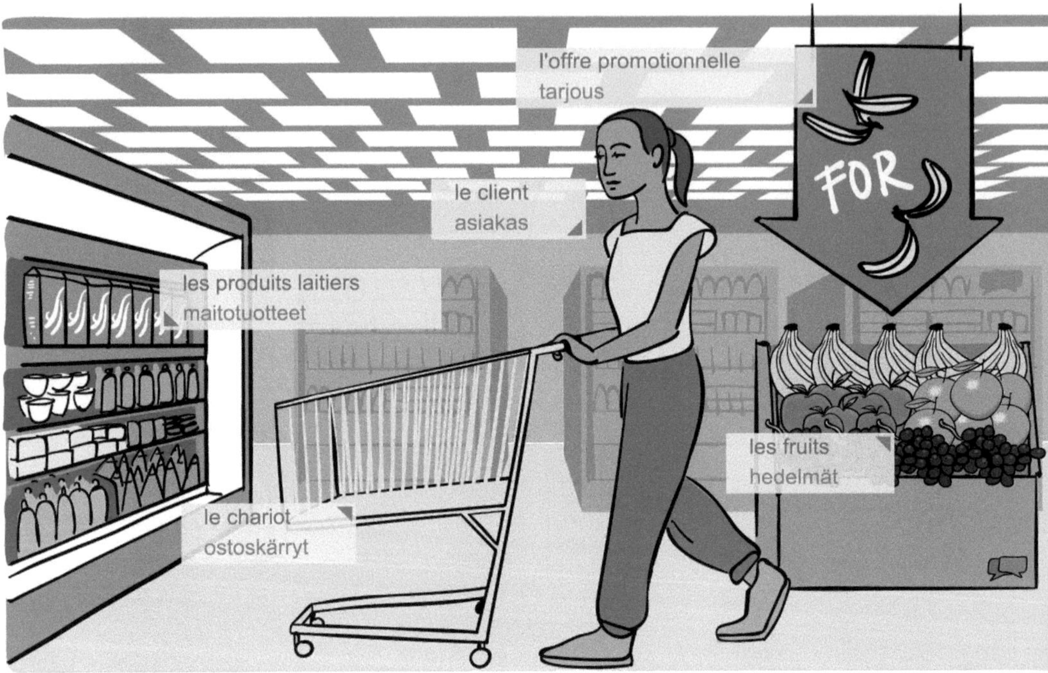

l'offre promotionnelle
tarjous
FOR
le client
asiakas
les produits laitiers
maitotuotteet
les fruits
hedelmät
le chariot
ostoskärryt

BUTCHERS

la boucherie

teurastamo

BAKERY

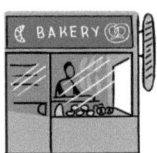

la boulangerie

leipomo

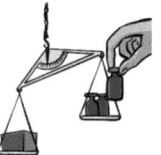

peser

punnita

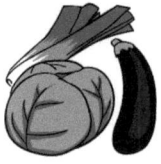

les légumes

kasvikset

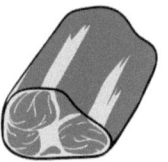

la viande

liha

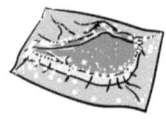

les aliments surgelés

pakasteet

la charcuterie

leikkele

les conserves

säilykkeet

la poudre à lessive

pesujauhe

les bonbons

makeiset

les articles ménagers

kotitaloustarvikkeet

les détergents

puhdistusaineet

la vendeuse

myyjä

la caisse

kassa

le caissier

kassanhoitaja

la liste d'achats

ostoslista

les heures d'ouverture

aukioloajat

le portefeuille

lompakko

la carte de crédit

luottokortti

le sac

kassi

le sac en plastique

muovipussi

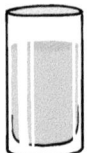

l'eau

vesi

le jus de fruit

mehu

le lait

maito

le coca

kokis

le vin

viini

la bière

olut

l'alcool

alkoholi

le chocolat chaud

kaakao

le thé

tee

le café

kahvi

l'expresso

espresso

le cappuccino

cappuccino

la banane

banaani

la pomme

omena

l'orange

appelsiini

le melon

meloni

le citron.

sitruuna

la carotte

porkkana

l'ail

valkosipuli

le bambou

bambu

l'oignon

sipuli

le champignon

sieni

les noisettes

pähkinät

les pâtes

spagetti

les spaghetti

spagetti

le riz

riisi

la salade

salaatti

les pommes frites

ranskalaiset

les pommes de terre rôties

paistetut perunat

la pizza

pitsa

le hamburger

hampurilainen

le sandwich

voileipä

l'escalope

leike

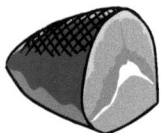

le jambon

kinkku

le salami

salami

la saucisse

makkara

le poulet

kana

le rôti

paisti

le poisson

kala

les flocons d'avoine

kaurahiutaleet

le muesli

mysli

les cornflakes

murot

la farine

jauho

le croissant

voisarvi

les petits-pains

sämpylä

le pain

leipä

le pain grillé

paahtoleipä

les biscuits

keksit

le beurre

voi

le fromage blanc

rahka

le gâteau

kakku

l'œuf

kananmuna

l'œuf au plat

paistettu kananmuna

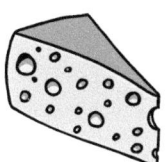

le fromage

juusto

l'alimentation - ruoka

la glace

jäätelö

le sucre

sokeri

le miel

hunaja

la confiture

hillo

la crème nougat

suklaapähkinälevite

le curry

curry

la ferme
maatila

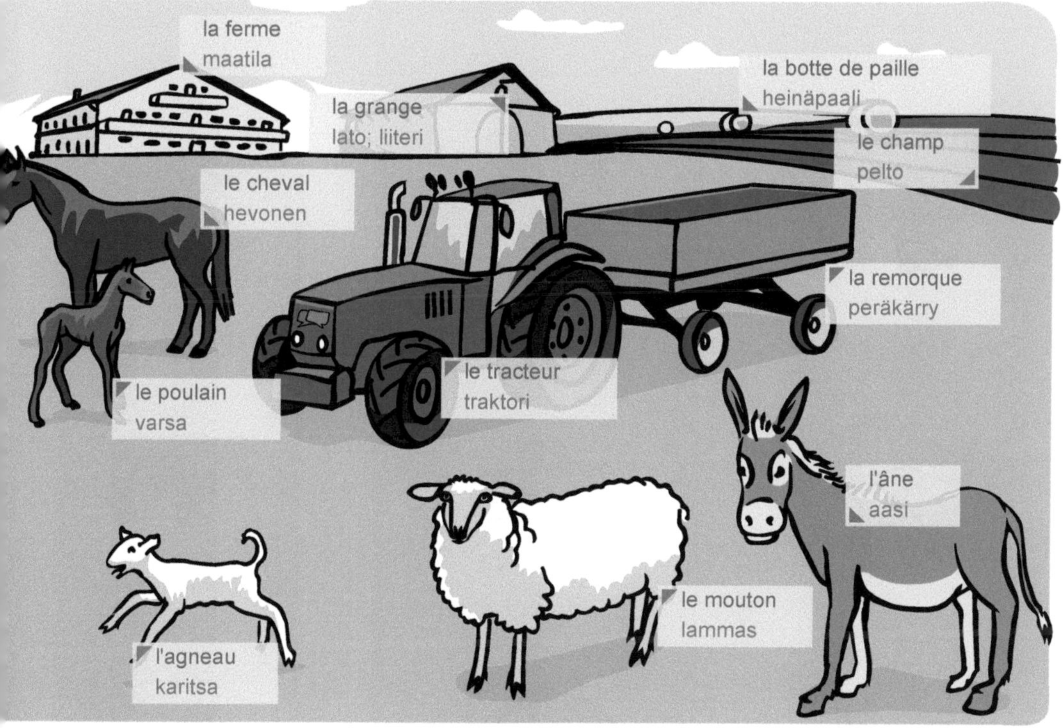
la ferme
maatila
la grange
lato; liiteri
la botte de paille
heinäpaali
le champ
pelto
le cheval
hevonen
la remorque
peräkärry
le tracteur
traktori
le poulain
varsa
l'âne
aasi
le mouton
lammas
l'agneau
karitsa

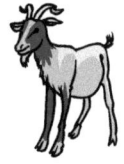

la chèvre
vuohi

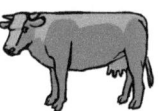

la vache
lehmä

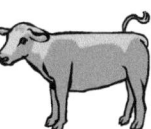

le veau
vasikka

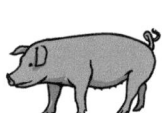

le porc
sika

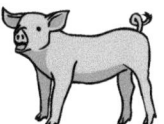

le porcelet
porsas

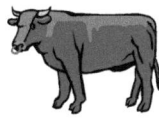

le taureau
sonni

l'oie

hanhi

le canard

ankka

le poussin

tipu

la poule

kana

le coq

kukko

le rat

rotta

le chat

kissa

la souris

hiiri

le bœuf

härkä

le chien

koira

le chenil

koirankoppi

le tuyau de jardin

puutarhaletku

l'arrosoir

kastelukannu

la faucheuse

viikate

la charrue

aura

la faucille

sirppi

la pioche

kuokka

la fourche

talikko

la hache

kirves

la brouette

kottikärryt

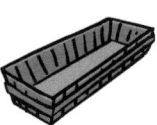

la cuve

kaukalo

le pot à lait

maitokannu

le sac

säkki

la clôture

aita

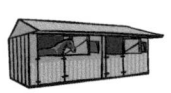

l'étable

talli

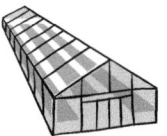

le serre

kasvihuone

le sol

maa

les semences

siemen

l'engrais

lannoite

la moissonneuse-batteuse

leikkuupuimuri

récolter

kerätä sato

la récolte

sato

l'igname

jamssit

le blé

vehnä

le soja

soija

la pomme de terre

peruna

le maïs

maissi

le colza

rypsi

l'arbre fruitier

hedelmäpuu

le manioc

maniokki

les céréales

vilja

la maison

talo

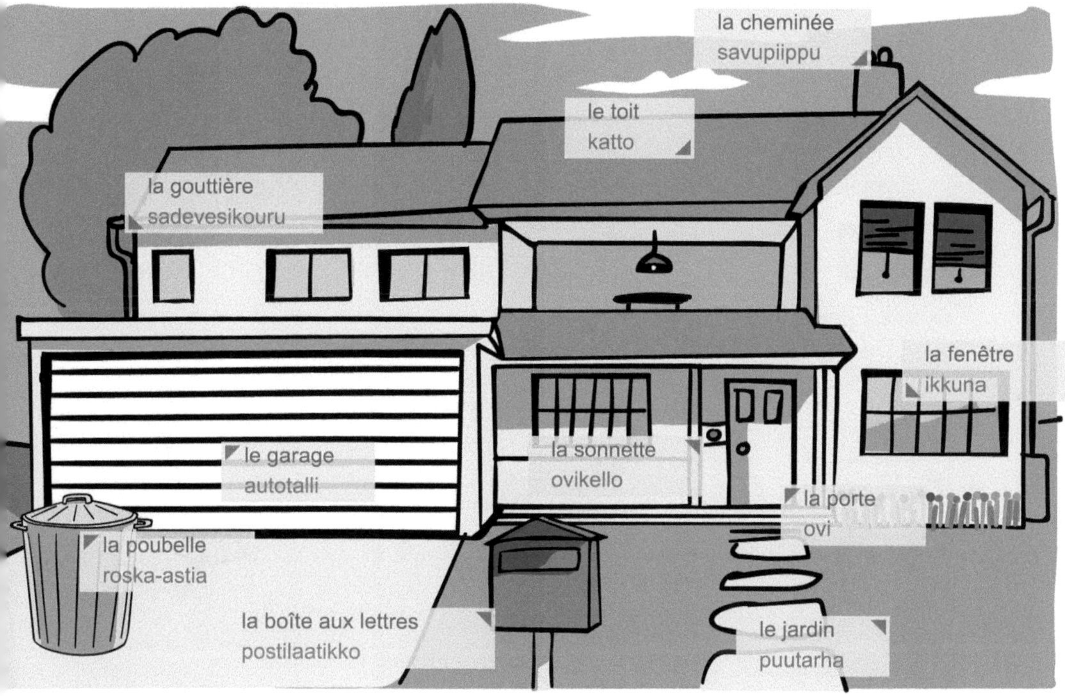
la cheminée
savupiippu
le toit
katto
la gouttière
sadevesikouru
la fenêtre
ikkuna
le garage
autotalli
la sonnette
ovikello
la porte
ovi
la poubelle
roska-astia
la boîte aux lettres
postilaatikko
le jardin
puutarha

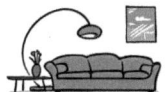

le salon

olohuone

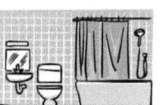

la salle de bain

kylpyhuone

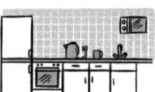

la cuisine

keittiö

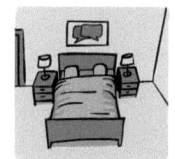

la chambre à coucher

makuuhuone

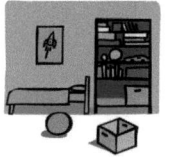

la chambre d'enfant

lastenhuone

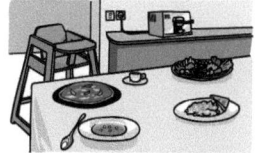

la salle à manger

ruokahuone

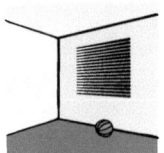

le sol
lattia

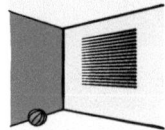

le mur
seinä

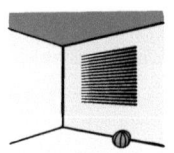

le plafond
katto

la cave
kellari

le sauna
sauna

le balcon
parveke

la terrasse
terassi

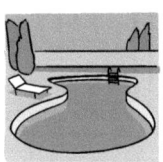

la piscine
uima-allas

la tondeuse à gazon
ruohonleikkuri

la housse
lakana

la couette
päiväpeitto

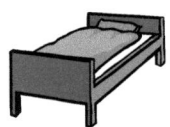

le lit
sänky

le balai
harja

le sceau
ämpäri

l'interrupteur
katkaisin

le salon
olohuone

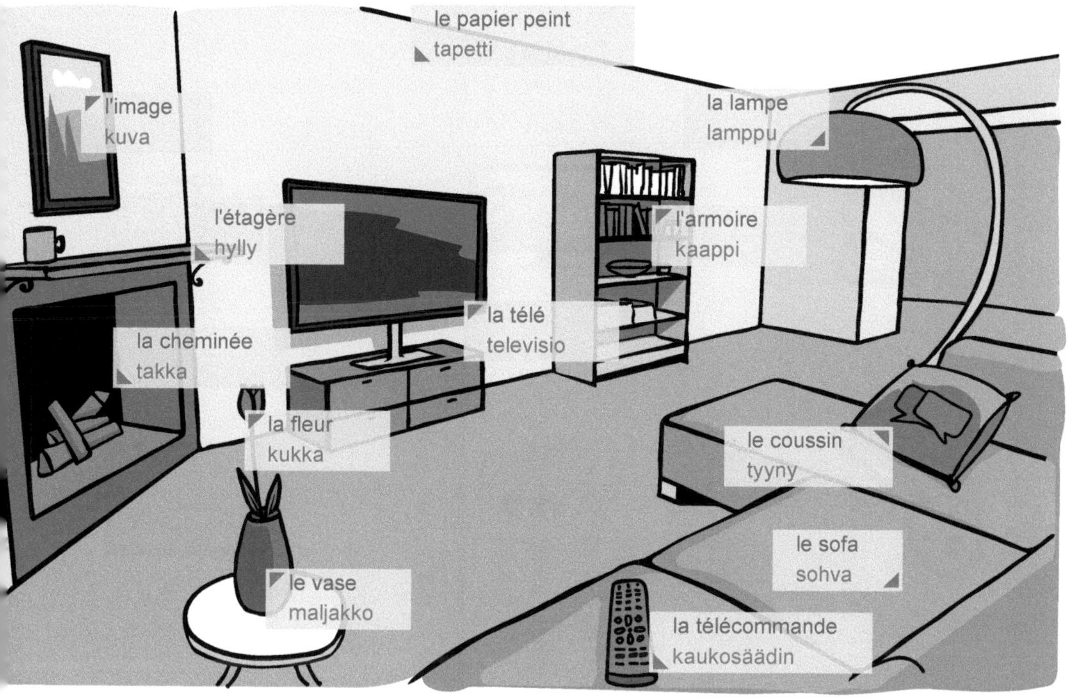
le papier peint
tapetti
l'image
kuva
la lampe
lamppu
l'étagère
hylly
l'armoire
kaappi
la télé
televisio
la cheminée
takka
la fleur
kukka
le coussin
tyyny
le sofa
sohva
le vase
maljakko
la télécommande
kaukosäädin

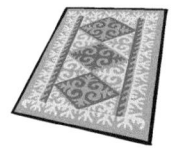

le tapis

matto

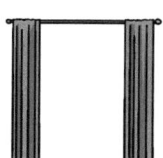

le rideau

verho

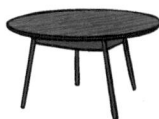

la table

pöytä

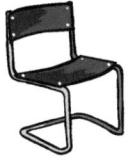

la chaise

tuoli

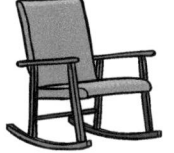

la chaise à bascule

keinutuoli

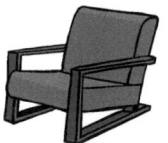

le fauteuil

nojatuoli

le livre

kirja

la couverture

peitto

la décoration

koriste

le bois de chauffage

polttopuut

le film

elokuva

la chaîne hi-fi

stereot

la clé

avain

le journal

sanomalehti

la peinture

maalaus

le poster

juliste

la radio

radio

le bloc-notes

muistivihko

l'aspirateur

pölynimuri

le cactus

kaktus

la bougie

kynttilä

la cuisine
keittiö

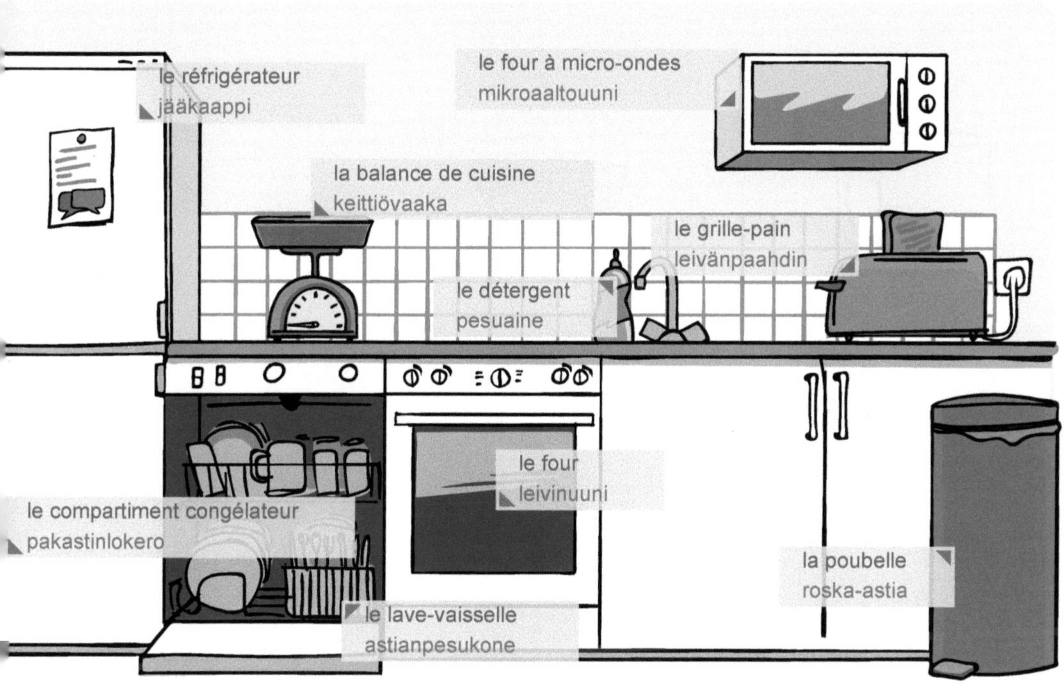
le réfrigérateur
jääkaappi
le four à micro-ondes
mikroaaltouuni
la balance de cuisine
keittiövaaka
le grille-pain
leivänpaahdin
le détergent
pesuaine
le four
leivinuuni
le compartiment congélateur
pakastinlokero
la poubelle
roska-astia
le lave-vaisselle
astianpesukone

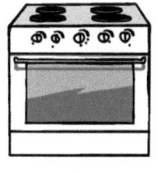

le four

liesi

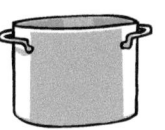

la casserole

kattila

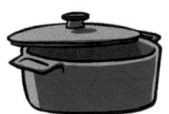

la marmite

rautapata

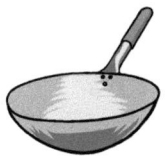

le wok / kadai

okkipannu / kadai-pannu

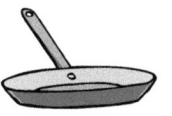

la poêle

paistinpannu

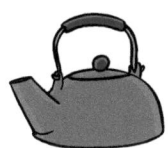

la bouilloire electrique

teepannu

le cuiseur vapeur

höyrykeitin

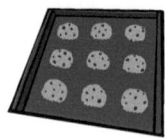

la plaque de cuisson

uunipelti

la vaisselle

astiat

le gobelet

muki

la coupe

kulho

les baguettes

syömäpuikot

la louche

kauha

la spatule

paistinlasta

le fouet

vispilä

la passoire

siivilä

le tamis

siivilä

la râpe

raastin

le mortier

mortteli

le barbecue

grilli

la cheminée

avotuli

la planche à découper

leikkuulauta

le rouleau à pâtisserie

kaulin

le tire-bouchon

korkinavaaja

la boîte

purkki

l'ouvre-boîte

purkinavaaja

les maniques

pannulappu

le lavabo

lavuaari

la brosse

tiskiharja

l'éponge

pesusieni

le mixeur

tehosekoitin

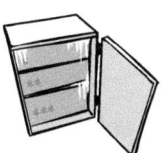

le congélateur

pakastin

le biberon

tuttipullo

le robinet

vesihana

la salle de bain
kylpyhuone

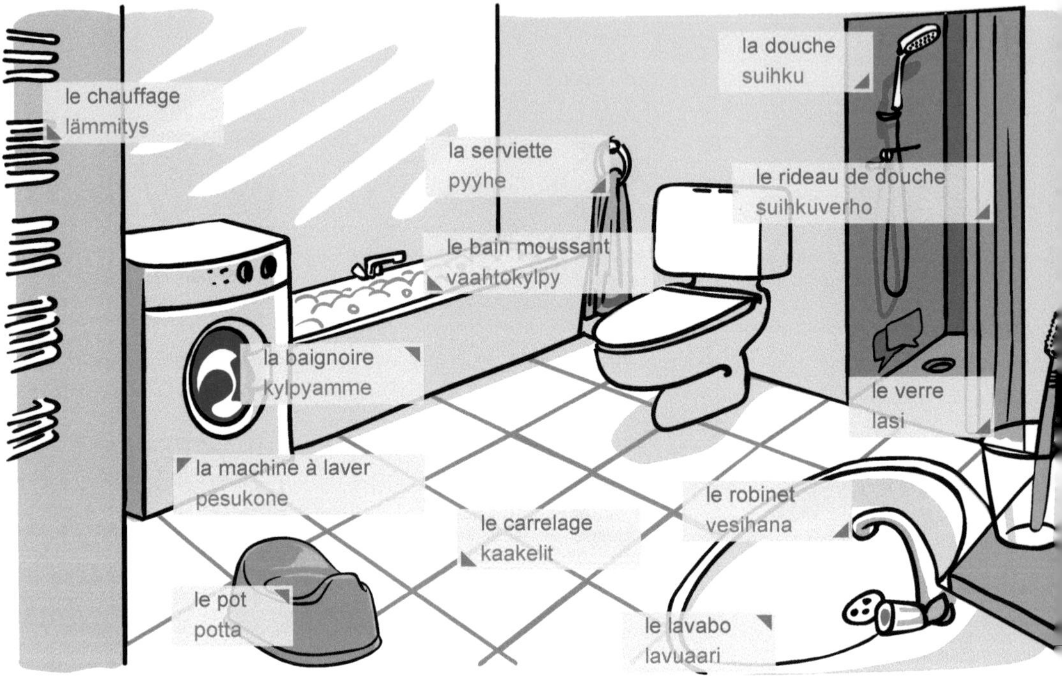

la douche
suihku
le chauffage
lämmitys
la serviette
pyyhe
le rideau de douche
suihkuverho
le bain moussant
vaahtokylpy
la baignoire
kylpyamme
le verre
lasi
la machine à laver
pesukone
le robinet
vesihana
le carrelage
kaakelit
le pot
potta
le lavabo
lavuaari

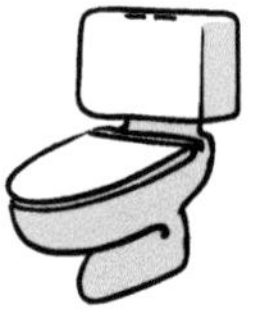

les toilettes

vessa

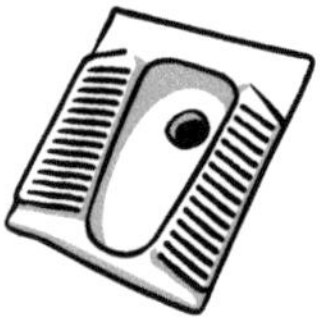

la toilette à la turque

kyykkyvessa

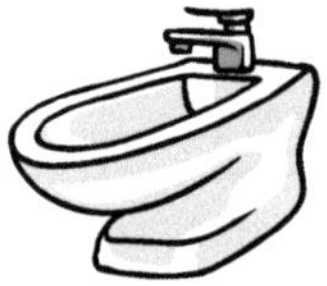

le bidet

bidee

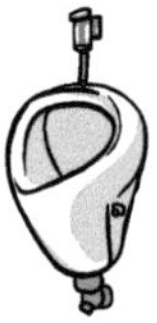

l'urinoir

pisuaari

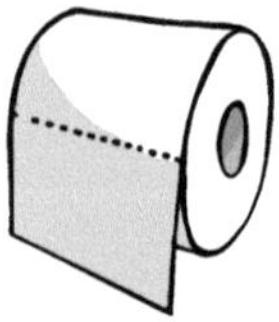

le papier toilette

vessapaperi

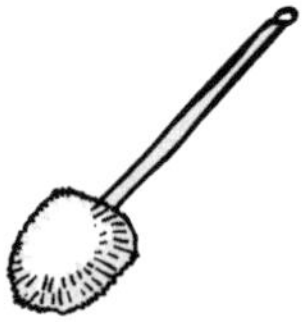

la brosse à toilette

vessaharja

la brosse à dents

hammasharja

le dentifrice

hammastahna

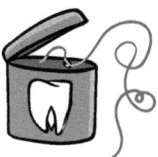

le fil dentaire

hammaslanka

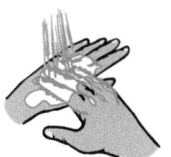

laver

pestä

la douche manuelle

käsisuihku

la douche intime

intiimisuihku

la vasque

pesuvati

la brosse dorsale

selkäharja

le savon

saippua

le gel douche

suihkugeeli

le shampooing

shampoo

le gant de toilette

pesulappu

l'écoulement

viemäri

la crème

voide

le déodorant

deodorantti

le miroir
peili

le miroir cosmétique
käsipeili

le rasoir
partaveitsi

la mousse à raser
partavaahto

l'après-rasage
partavesi

la peigne
kampa

la brosse
harja

le sèche-cheveux
hiustenkuivaaja

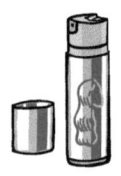

la laque pour cheveux
hiuslakka

le fond de teint
meikki

le rouge à lèvres
huulipuna

le vernis à ongles
kynsilakka

l'ouate
pumpuli

le coupe-ongles
kynsisakset

le parfum
hajuvesi

la trousse de toilette

kosmetiikkalaukku

le tabouret

jakkara

le pèse-personne

vaaka

le peignoir

kylpytakki

les gants de nettoyage

kumihansikkaat

le tampon

tamponi

es serviettes hygiéniques

terveysside

la toilette chimique

kemiallinen wc

la chambre d'enfant
lastenhuone

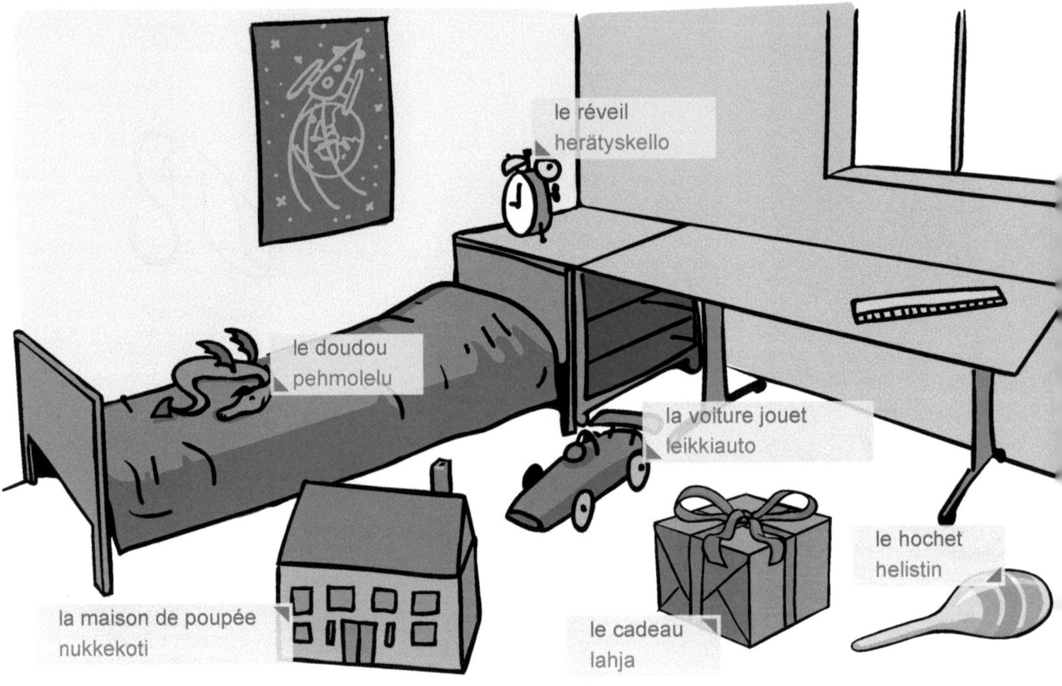
le réveil
herätyskello
le doudou
pehmolelu
la voiture jouet
leikkiauto
le hochet
helistin
la maison de poupée
nukkekoti
le cadeau
lahja

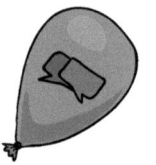

le ballon

ilmapallo

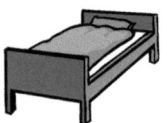

le lit

sänky

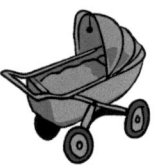

la poussette

lastenvaunut

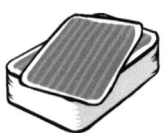

le jeu de cartes

korttipeli

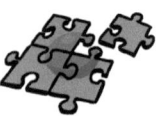

le puzzle

palapeli

SUPER
MEGA

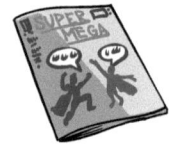

la bande dessinée

sarjakuva

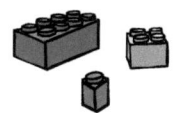

les pièces lego

legopalikat

les blocs de construction

rakennuspalikat

la figurine

supersankari

la grenouillère

potkupuku

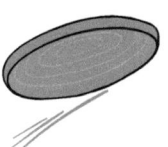

le frisbee

frisbee

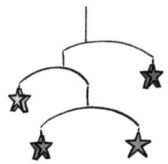

le mobile

mobile

le jeu de société

lautapeli

le dé

noppa

le train miniature

pienoisjunarata

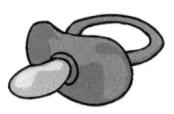

la sucette

tutti

la fête

juhlat

le livre d'images

kuvakirja

la balle

pallo

la poupée

nukke

jouer

leikkiä

le bac à sable

hiekkalaatikko

la balançoire

keinu

les jouets

lelut

la console de jeu

pelikonsoli

le tricycle

kolmipyörä

l'ours en peluche

nalle

l'armoire

vaatekaappi

les vêtements

vaatteet

les chaussettes

sukat

les bas

nylonsukat

le collant

sukkahousut

l'écharpe
kaulaliina

la ceinture
vyö

le parapluie
sateenvarjo

le t-shirt
t-paita

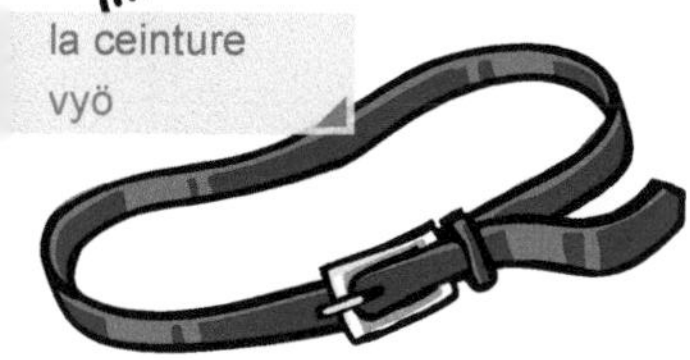

les baskets
lenkkarit

les bottes
saappaat

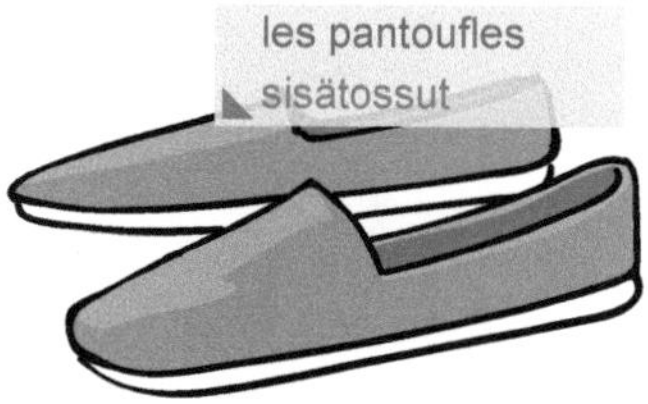

les pantoufles
sisätossut

les sandales
sandaalit

les chaussures
kengät

les bottes de caoutchouc
kumisaappaat

les sous-vêtements
alushousut

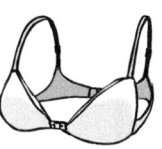

le soutien-gorge
rintaliivit

le maillot de corps
aluspaita

le body
body

le pantalon
housut

le jean
farkut

la jupe
hame

le chemisier
pusero

la chemise
paita

le pull
villapaita

le sweat à capuche
collegepaita

la veste
jakku

la veste
takki

le manteau
takki

l'imperméable
sadetakki

le costume
puku

la robe
mekko

la robe de mariée
hääpuku

le costume
puku

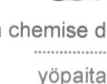

la chemise de nuit
yöpaita

le pyjama
pyjama

le sari
shari

le foulard
päähuivi

le turban
turbaani

la burqa
burka

le caftan
kaftaani

l'abaya
abaya

le maillot de bain
uimapuku

le maillot de bain
uimahousut

le short
shortsit

la tenue d'entraînement
verkkarit

le tablier
esiliina

les gants
käsineet

le bouton

nappi

les lunettes

silmälasit

le bracelet

rannekoru

le collier

kaulakoru

la bague

sormus

la boucle d'oreille

korvakoru

le bonnet

lippalakki

le cintre

ripustin

le chapeau

hattu

la cravate

solmio

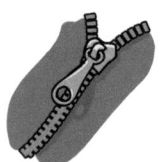

la fermeture éclair

vetoketju

le casque

kypärä

les bretelles

henkselit

l'uniforme scolaire

koulupuku

l'uniforme

univormu

le bavoir

ruokalappu

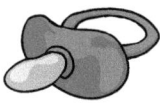

la sucette

tutti

la lange

vaippa

le bureau
toimisto

le serveur
palvelin

l'armoire d'archivage
asiakirjakaappi

l'imprimante
tulostin

l'écran
näyttö

le papier
paperi

le bureau
kirjoituspöytä

la souris
hiiri

le classeur
kansio

le clavier
näppäimistö

la corbeille à papier
roskakori

l'ordinateur
tietokone

la chaise
tuoli

la tasse de café

kahvimuki

la calculatrice

taskulaskin

l'internet

internet

l'ordinateur portable

kannettava tietokone

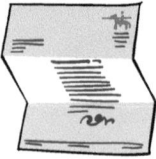

la lettre

kirje

le message

viesti

le portable

kännykkä

le réseau

verkko

la photocopieuse

kopiokone

le logiciel

ohjelmisto

le téléphone

puhelin

la prise

pistorasia

le fax

faksi

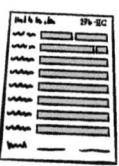

le formulaire

lomake

le document

asiakirja

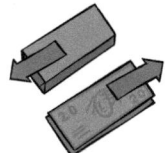

acheter

ostaa

payer

maksaa

faire du commerce

vaihtaa

la monnaie

raha

le dollar

dollari

l'euro

euro

le yen

jeni

le rouble

rupla

le franc suisse

frangi

le renminbi yuan

renminbi juan

la roupie

rupia

le distributeur automatique

pankkiautomaatti

le bureau de change

rahanvaihto

l'or

kulta

l'argent

hopea

le pétrole

öljy

l'énergie

energia

le prix

hinta

le contrat

sopimus

la taxe

vero

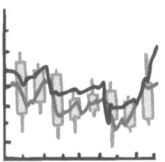

l'action

osake

travailler

työskennellä

l'employé

työntekijä

l'employeur

työnantaja

l'usine

tehdas

le magasin

liike

l'économie - talous

les professions
ammatit

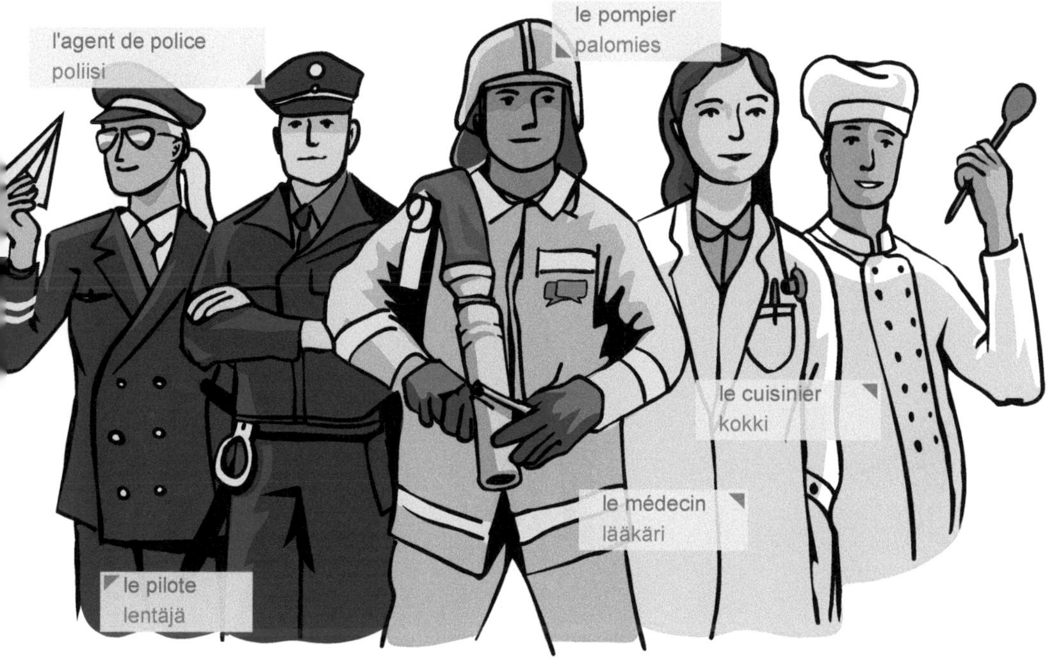
l'agent de police
poliisi
le pompier
palomies
le cuisinier
kokki
le médecin
lääkäri
le pilote
lentäjä

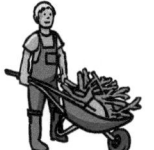

le jardinier

puutarhuri

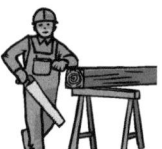

le menuisier

puuseppä

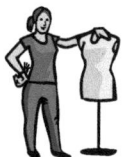

la couturière

ompelija

le juge

tuomari

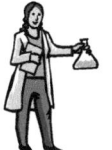

le chimiste

kemisti

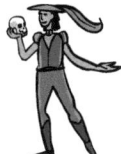

l'acteur

näyttelijä

le conducteur de bus

linja-autonkuljettaja

le chauffeur de taxi

taksinkuljettaja

le pêcheur

kalastaja

la femme de ménage

siivooja

le couvreur

katontekijä

le serveur

tarjoilija

le chasseur

metsästäjä

le peintre

maalari

le boulanger

leipuri

l'électricien

sähköasentaja

l'ouvrier

rakentaja

l'ingénieur

insinööri

le boucher

teurastaja

le plombier

putkiasentaja

le facteur

postinjakaja

le soldat

sotilas

l'architecte

arkkitehti

le caissier

kassanhoitaja

le fleuriste

floristi

le coiffeur

kampaaja

le contrôleur

konduktööri

le mécanicien

mekaanikko

le capitaine

kapteeni

le dentiste

hammaslääkäri

le scientifique

tiedemies

le rabbin

rabbi

l'imam

imaami

le moine

munkki

le prêtre

pappi

les outils
työkalut

le marteau
vasara
les pinces
pihdit
le tournevis
ruuvimeisseli
la clé
jakoavain
la torche
taskulamppu

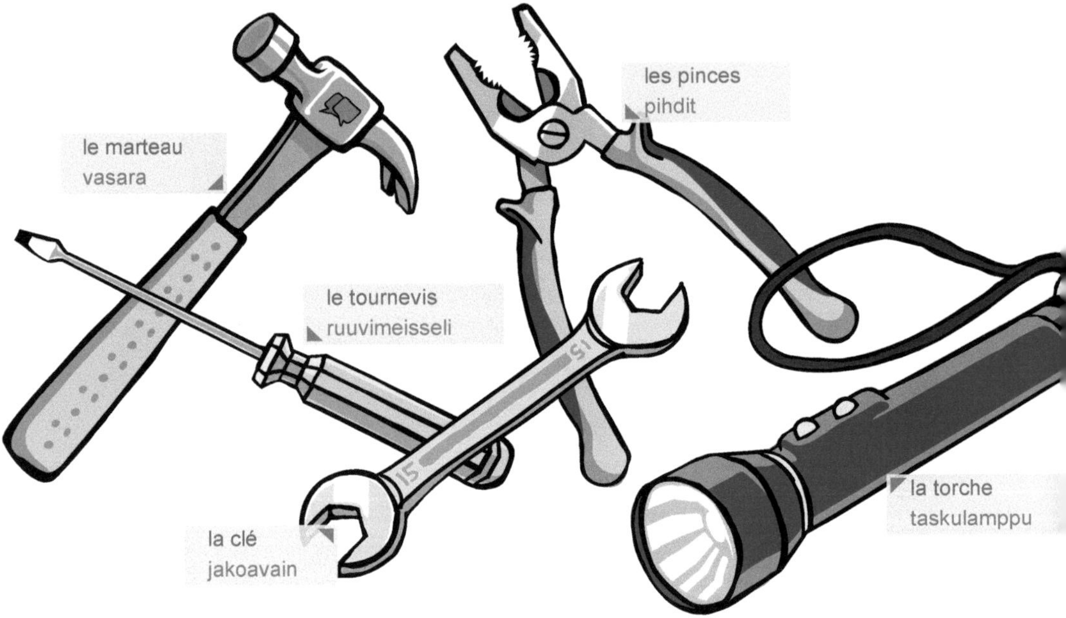

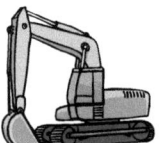

la pelleteuse

kaivinkone

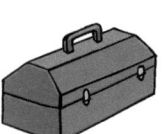

la boîte à outils

työkalupakki

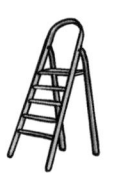

l'échelle

tikkaat

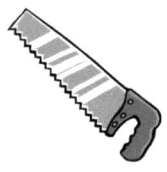

la scie

saha

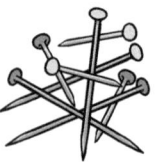

les clous

naulat

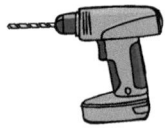

la perceuse

pora

réparer
korjata

la pelle
lapio

Mince !
Hitto!

la pelle
rikkalapio

le pot de peinture
maalipurkki

les vis
ruuvit

les instruments de musique
soittimet

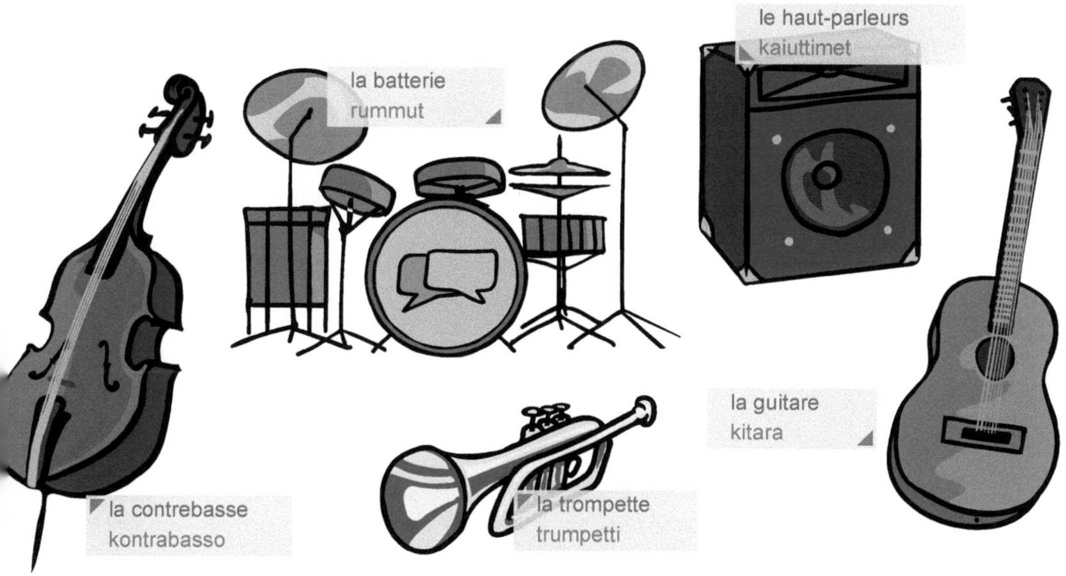

la batterie
rummut

le haut-parleurs
kaiuttimet

la guitare
kitara

la contrebasse
kontrabasso

la trompette
trumpetti

le piano

piano

le violon

viulu

la basse

basso

les timbales

patarummut

le tambour

rumpu

le piano électrique

kosketinsoitin

le saxophone

saksofoni

la flûte

huilu

le microphone

mikrofoni

le zoo
eläintarha

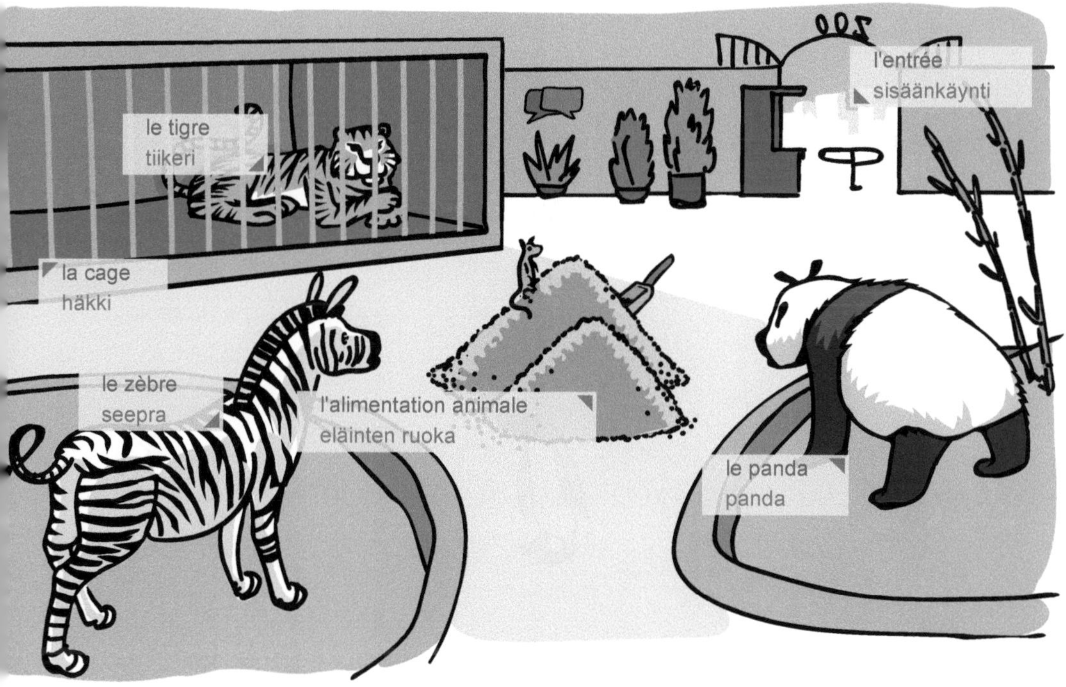

l'entrée
sisäänkäynti
le tigre
tiikeri
la cage
häkki
le zèbre
seepra
l'alimentation animale
eläinten ruoka
le panda
panda

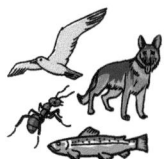

les animaux

eläimet

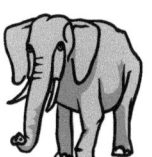

l'éléphant

norsu

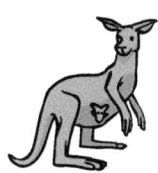

le kangourou

kenguru

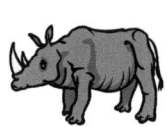

le rhinocéros

sarvikuono

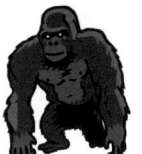

le gorille

gorilla

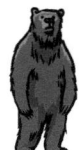

l'ours

karhu

le chameau

kameli

l'autruche

strutsi

le lion

leijona

le singe

apina

le flamand rose

flamingo

le perroquet

papukaija

l'ours polaire

jääkarhu

le pingouin

pingviini

le requin

hai

le paon

riikinkukko

le serpent

käärme

le crocodile

krokotiili

le gardien de zoo

eläintarhanhoitaja

le phoque

hylje

le jaguar

jaguaari

le poney

poni

le léopard

leopardi

l'hippopotame

virtahepo

la girafe

kirahvi

l'aigle

kotka

le sanglier

villisika

le poisson

kala

la tortue

kilpikonna

le morse

mursu

le renard

kettu

la gazelle

gaselli

l'american Football
amerikkalainen jalkapallo

le cyclisme
pyöräily

le tennis
tennis

le basket-ball
koripallo

la natation
uinti

la boxe
nyrkkeily

le hockey sur glace
jääkiekko

le football
jalkapallo

le badminton
sulkapallo

l'athlétisme
yleisurheilu

le handball
käsipallo

le ski
hiihto

le polo
poolo

les activités
aktiviteetit

sauter
hypätä
embrasser
halata
rire
nauraa
marcher
kävellä
chanter
laulaa
rêver
unelmoida
prier
rukoilla
faire la bise
suudella

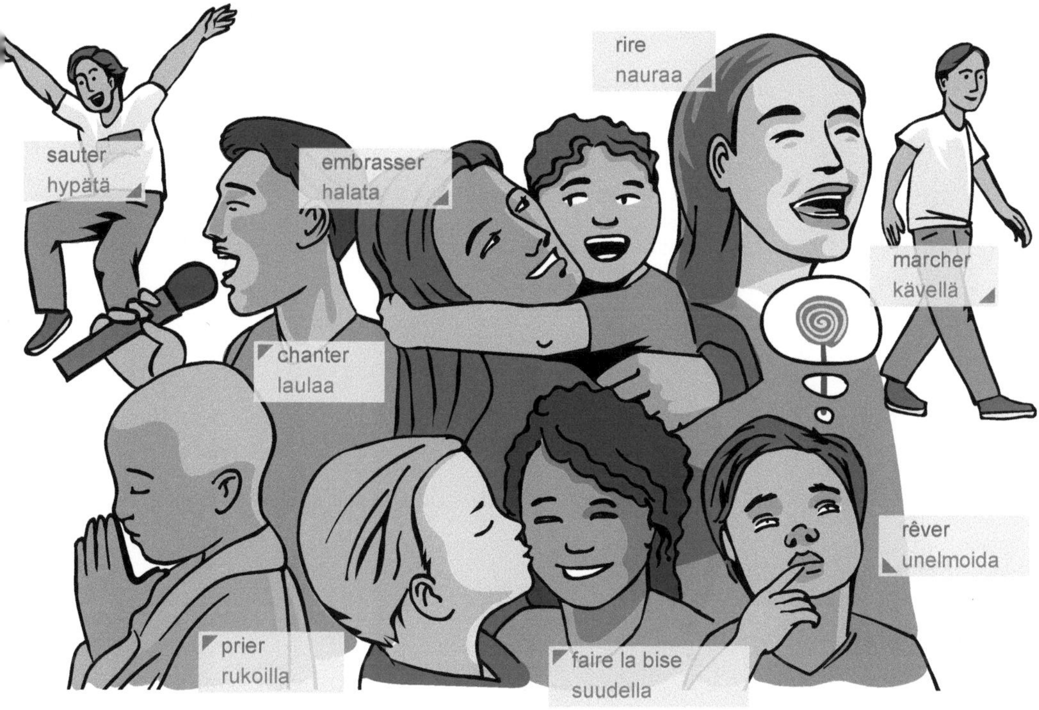

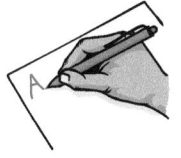

écrire

kirjoittaa

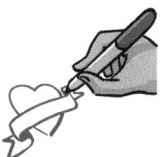

dessiner

piirtää

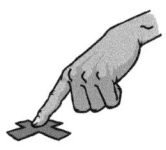

montrer

näyttää

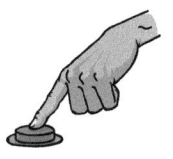

pousser

painaa

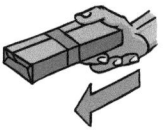

donner

antaa

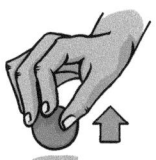

prendre

ottaa

avoir

omistaa

faire

tehdä

être

olla

être debout

seisoa

courir

juosta

trier

vetää

jeter

heittää

tomber

kaatua

être couché

maata

attendre

odottaa

porter

kantaa

être assis

istua

s'habiller

pukeutua

dormir

nukkua

se réveiller

herätä

regarder

katsoa

pleurer

itkeä

caresser

silittää

peigner

kammata

parler

puhua

comprendre

ymmärtää

demander

kysyä

écouter

kuunnella

boire

juoda

manger

syödä

ranger

siivota

aimer

rakastaa

cuire

keittää

conduire

ajaa

voler

lentää

faire de la voile
purjehtia

calculer
laskea

lire
lukea

apprendre
oppia

travailler
työskennellä

se marier
mennä naimisiin

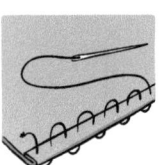

coudre
ommella

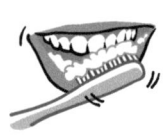

brosser les dents
pestä hampaat

tuer
tappaa

fumer
tupakoida

envoyer
lähettää

grand-mère
ummo

le grand-père
ukki

le père
isä

la mère
äiti

le bébé
vauva

la fille
tytär

le fils
poika

l'hôte
....
vieras

la tante
....
täti

l'oncle
....
setä

le frère
....
veli

la sœur
....
sisko

le corps
vartalo

le front
otsa
l'œil
silmä
le visage
kasvot
le menton
leuka
le doigt
sormet
la main
käsi
la poitrine
rinta
le bras
käsivarsi
l'épaule
olkapää
la jambe
jalka

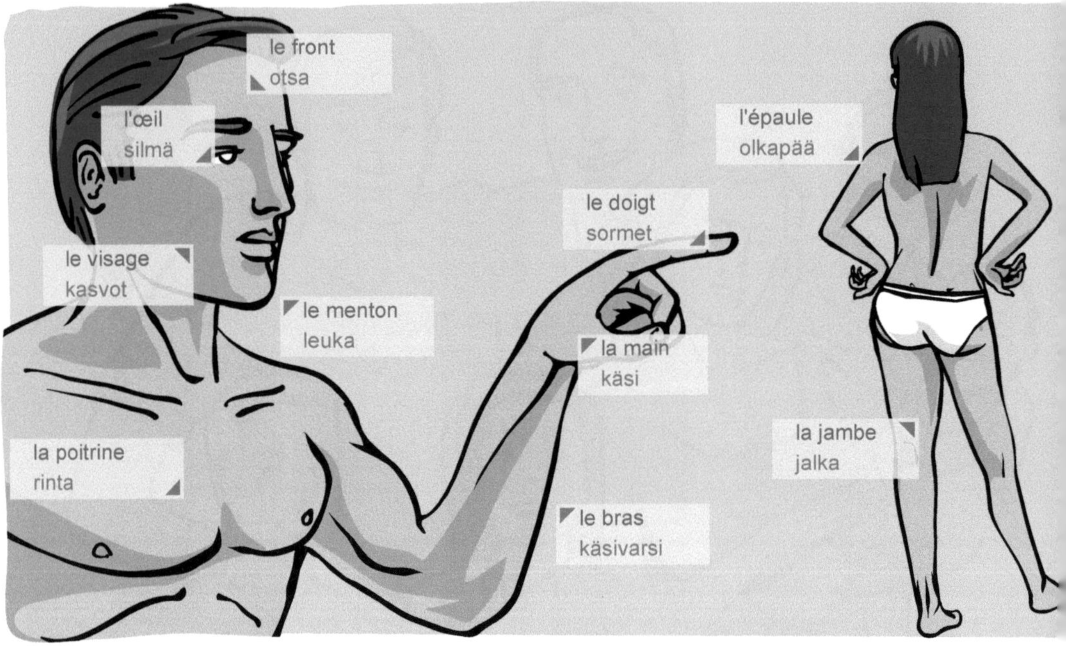

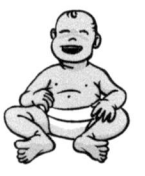

le bébé
vauva

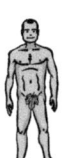

l'homme
mies

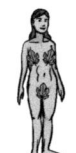

la femme
nainen

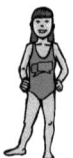

la fille
tyttö

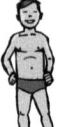

le garçon
poika

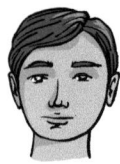

la tête
pää

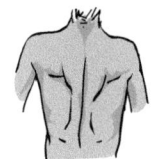

le dos

selkä

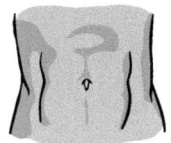

le ventre

maha

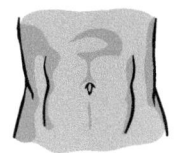

le nombril

napa

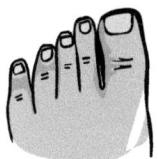

l'orteil

varvas

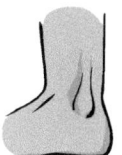

le talon

kantapää

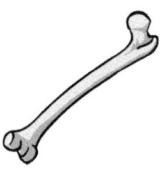

l'os

luu

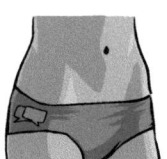

la hanche

lantio

le genou

polvi

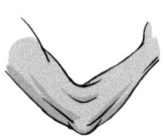

le coude

kyynärpää

le nez

nenä

les fesses

takapuoli

la peau

iho

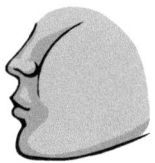

la joue

poski

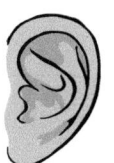

l'oreille

korva

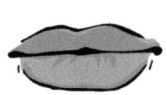

la lèvre

huuli

la bouche
suu

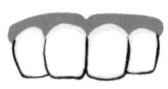

la dent
hammas

la langue
kieli

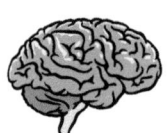

le cerveau
aivot

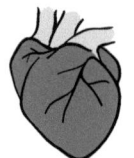

le cœur
sydän

le muscle
lihas

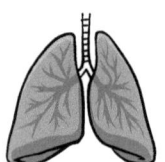

les poumons
keuhkot

le foie
maksa

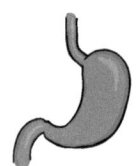

l'estomac
vatsa

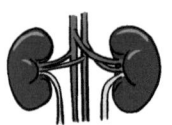

les reins
munuaiset

le rapport sexuel
seksi

le préservatif
kondomi

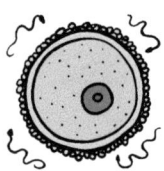

l'ovule
munasolu

le sperme
sperma

la grossesse
raskaus

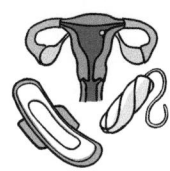

la menstruation

kuukautiset

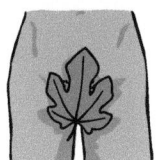

le vagin

vagina

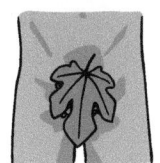

le pénis

penis

le sourcil

kulmakarvat

les cheveux

hiukset

le cou

niska

l'hôpital
sairaala

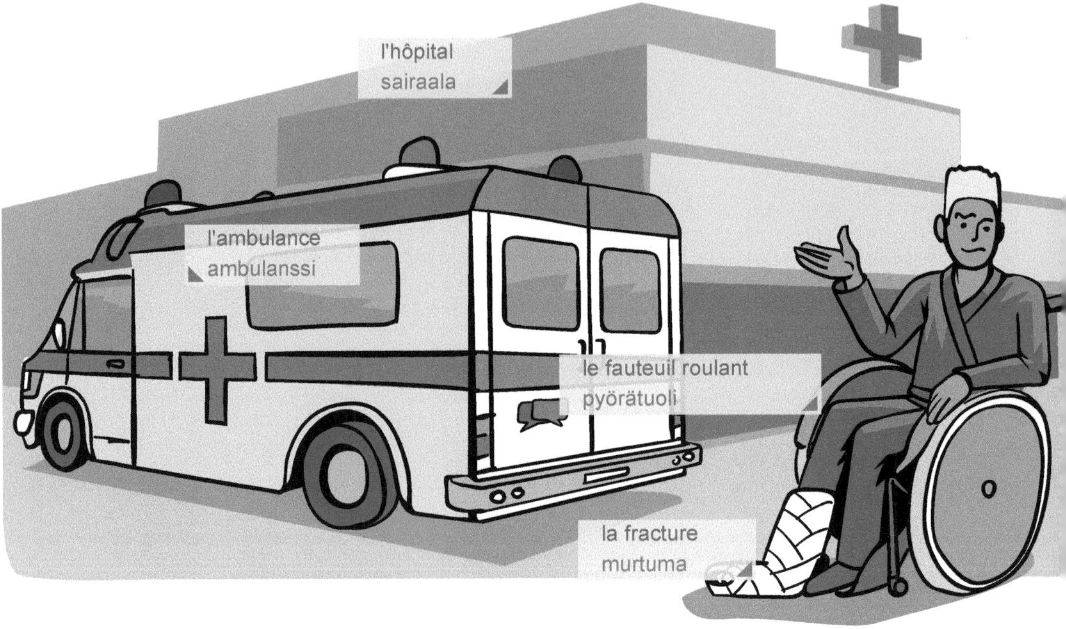

l'hôpital
sairaala
l'ambulance
ambulanssi
le fauteuil roulant
pyörätuoli
la fracture
murtuma

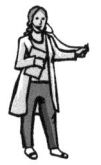

le médecin

lääkäri

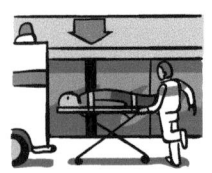

le service des urgences

ensiapu

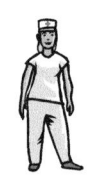

l'infirmière

sairaanhoitaja

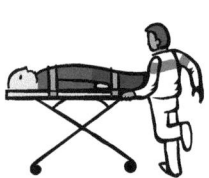

l'urgence

hätätilanne

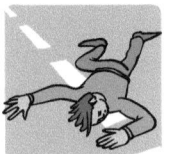

inconscient

tajuton

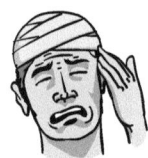

la douleur

kipu

la blessure

vamma

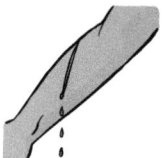

l'hémorragie

verenvuoto

la crise cardiaque

sydänkohtaus

l'attaque cérébrale

aivoinfarkti

l'allergie

allergia

la toux

yskä

la fièvre

kuume

la grippe

flunssa

la diarrhée

ripuli

le mal de tête

päänsärky

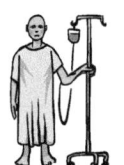

le cancer

syöpä

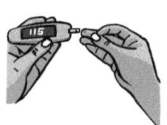

le diabète

diabetes

le chirurgien

kirurgi

le scalpel

veitsi

l'opération

leikkaus

le CT

ct

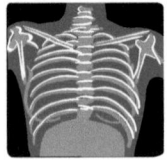

la radiographie

röntgen

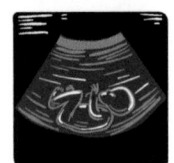

l'échographie

ultraääni

le masque

maski

la maladie

sairaus

la salle d'attente

odotushuone

la béquille

sauva

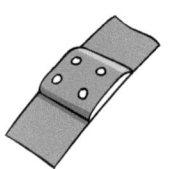

le pansement

laastari

le pansement

side

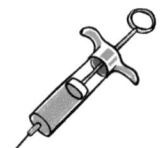

l'injection

pistos

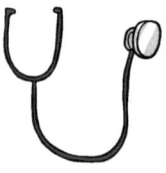

le stéthoscope

stetoskooppi

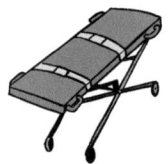

le brancard

paarit

le thermomètre

kuumemittari

l'accouchement

syntymä

la surcharge pondérale

ylipaino

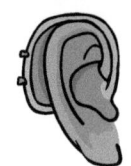

l'appareil auditif

kuulolaite

le désinfectant

desinfiointiaine

l'infection

infektio

le virus

virus

le VIH / le sida

HIV / AIDS

le médicament

lääke

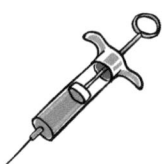

la vaccination

rokotus

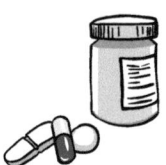

les comprimés

tabletit

la pilule

pilleri

l'appel d'urgence

hätäpuhelu

le tensiomètre

verenpainemittari

malade / sain

sairas / terve

Au secours !

Apua!

l'alarme

hälytys

l'assaut

ryöstö

l'attaque

hyökkäys

le danger

vaara

la sortie de secours

hätäuloskäynti

Au feu!

Tulipalo!

l'extincteur

palosammutin

l'accident

onnettomuus

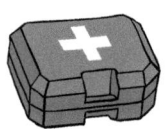

la trousse de premier secours

ensiapulaukku

SOS

SOS

la police

poliisilaitos

l'Europe

Eurooppa

l'Amérique du Nord

Pohjois-Amerikka

l'Amérique du Sud

Etelä-Amerikka

l'Afrique

Afrikka

l'Asie

Aasia

l'Australie

Australia

l'Océan atlantique

Atlantin valtameri

l'Océan pacifique

Tyynimeri

l'Océan indien

Intian valtameri

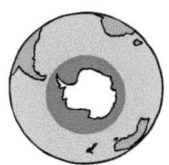

l'Océan antarctique

Eteläinen jäämeri

l'Océan arctique

Pohjoinen jäämeri

le Pôle nord

pohjoisnapa

le Pôle sud
....
etelänapa

l'Antarctique
....
Antarktis

la terre
....
maa

le pays
....
maa

la mer
....
meri

l'île
....
saari

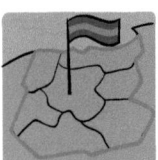

la nation
....
kansa

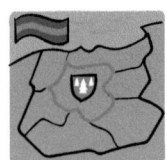

l'état
....
osavaltio

le cadran

kellotaulu

l'aiguille des heures

tuntiviisari

l'aiguille des minutes

minuuttiviisari

l'aiguille des secondes

sekuntiviisari

Quelle heure est-il ?

Paljonko kello on?

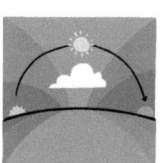

le jour

päivä

le temps

aika

maintenant

nyt

la montre digitale

digitaalikello

la minute

minuutti

l'heure

tunti

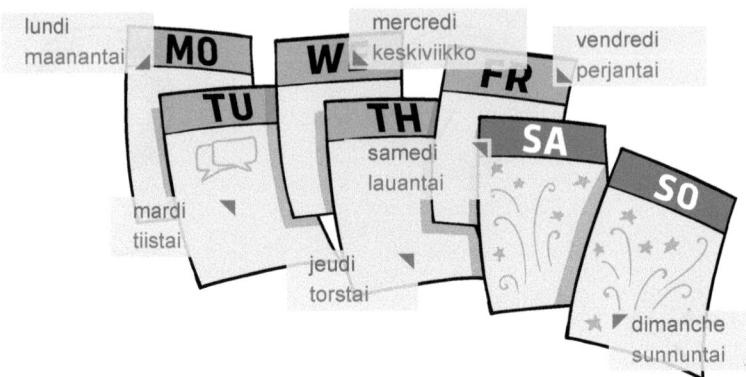

lundi
maanantai

mercredi
keskiviikko

vendredi
perjantai

mardi
tiistai

samedi
lauantai

jeudi
torstai

dimanche
sunnuntai

hier
eilen

aujourd'hui
tänään

demain
huomenna

le matin
aamu

le midi
keskipäivä

le soir
ilta

<table>
<tr><td>MO</td><td>TU</td><td>WE</td><td>TH</td><td>FR</td><td>SA</td><td>SU</td></tr>
<tr><td>1</td><td>2</td><td>3</td><td>4</td><td>5</td><td>6</td><td>7</td></tr>
<tr><td>8</td><td>9</td><td>10</td><td>11</td><td>12</td><td>13</td><td>14</td></tr>
<tr><td>15</td><td>16</td><td>17</td><td>18</td><td>19</td><td>20</td><td>21</td></tr>
<tr><td>22</td><td>23</td><td>24</td><td>25</td><td>26</td><td>27</td><td>28</td></tr>
<tr><td>29</td><td>30</td><td>31</td><td>1</td><td>2</td><td>3</td><td>4</td></tr>
</table>

les jours ouvrables
työpäivät

le week-end
viikonloppu

l'année
vuosi

la pluie
sade
l'arc-en-ciel
sateenkaari
la neige
lumi
le vent
tuuli
le printemps
kevät
l'automne
syksy
l'été
kesä
l'hiver
talvi

4.APRIL 11°
5.APRIL 4°
6.APRIL 13°
7.APRIL 8°
8.APRIL 10°

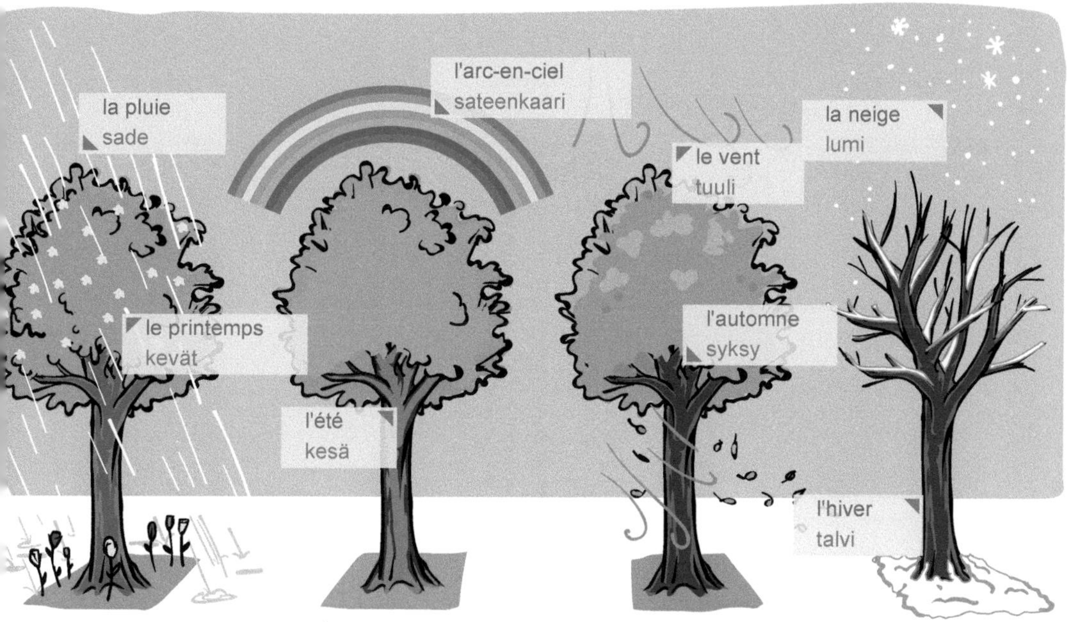

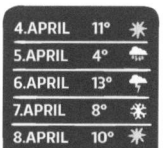

la météo

sääennuste

F C
120 90 60 30 0 -30
40 30 20 10 0 -10 -20

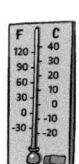

le thermomètre

lämpömittari

la lumière du soleil

auringonpaiste

le nuage

pilvi

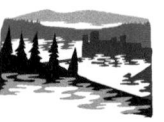

le brouillard

sumu

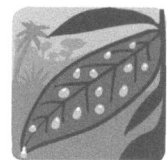

l'humidité

ilmankosteus

la foudre

salama

la tonnerre

ukkonen

la tempête

myrsky

la grêle

rae

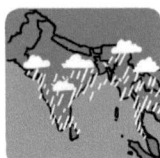

la mousson

monsuuni

l'inondation

tulva

la glace

jää

janvier

tammikuu

février

helmikuu

mars

maaliskuu

avril

huhtikuu

mai

toukokuu

juin

kesäkuu

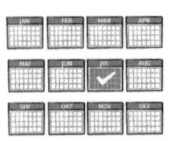

juillet

heinäkuu

août

elokuu

l'année - vuosi

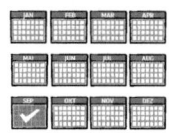

septembre
....
syyskuu

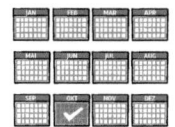

octobre
....
lokakuu

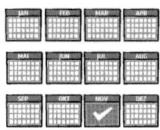

novembre
....
marraskuu

décembre
....
joulukuu

les formes
muodot

le cercle
....
ympyrä

le carré
....
neliö

le rectangle
....
suorakulmio

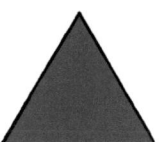

le triangle
....
kolmio

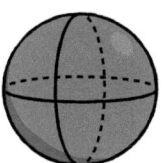

la sphère
....
pallo

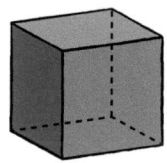

le cube
....
kuutio

les couleurs

värit

blanc
....
valkoinen

jaune
....
keltainen

orange
....
oranssi

rose
....
vaaleanpunainen

rouge
....
punainen

violet
....
violetti

bleu
....
sininen

vert
....
vihreä

marron
....
ruskea

gris
....
harmaa

noir
....
musta

beaucoup / peu

paljon / vähän

fâché / calme

vihainen / ystävällinen

joli / laid

kaunis / ruma

le début / la fin

alku / loppu

grand / petit

suuri / pieni

clair / obscure

vaalea / tumma

frère / soeur

veli / sisko

propre / sale

puhdas / likainen

complet / incomplet

täydellinen / epätäydellinen

le jour / la nuit

päivä / yö

mort / vivant

kuollut / elävä

large / étroit

leveä / kapea

comestible / incomestible

syötävä / syömäkelvoton

méchant / gentil

paha / kiltti

excité / ennuyé

innostunut / tylsistynyt

gros / mince

lihava / laiha

le premier / le dernier

ensimmäinen / viimeinen

l'ami / l'ennemi

ystävä / vihollinen

plein / vide

täysi / tyhjä

dur / souple

kova / pehmeä

lourd / léger

painava / kevyt

faim / soif

nälkä / jano

malade / sain

sairas / terve

illégal / légal

laiton / laillinen

intelligent / stupide

älykäs / tyhmä

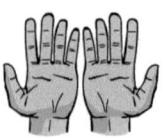

gauche / droite

vasen / oikea

proche / loin

lähellä / kaukana

nouveau / usé

uusi / käytetty

rien / quelque chose

ei mitään / jotain

vieux / jeune

vanha / nuori

marche / arrêt

päällä / pois päältä

ouvert / fermé

auki / kiinni

faible / fort

hiljainen / äänekäs

riche / pauvre

rikas / köyhä

correct / incorrect

oikein / väärin

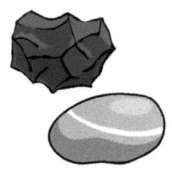

rugueux / lisse

karhea / sileä

triste / heureux

surullinen / iloinen

court / long

lyhyt / pitkä

lent / rapide

hidas / nopea

mouillé / sec

märkä / kuiva

chaud / froid

lämmin / viileä

la guerre / la paix

sota / rauha

les nombres

numerot

0
zéro
nolla

1
un / une
yksi

2
deux
kaksi

3
trois
kolme

4
quatre
neljä

5
cinq
viisi

6
six
kuusi

7
sept
seitsemän

8
huit
kahdeksan

9
neuf
yhdeksän

10
dix
kymmenen

11
onze
yksitoista

12

douze

kaksitoista

13

treize

kolmetoista

14

quatorze

neljätoista

15

quinze

viisitoista

16

seize

kuusitoista

17

dix-sept

seitsemäntoista

18

dix-huit

kahdeksantoista

19

dix-neuf

yhdeksäntoista

20

vingt

kaksikymmentä

100

cent

sata

1.000

mille

tuhat

1.000.000

le million

miljoona

l'anglais

englanti

l'anglais américain

amerikanenglanti

le chinois mandarin

mandariinikiina

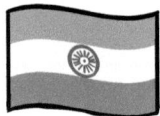

le hindi

hindi

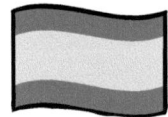

l'espagnol

espanja

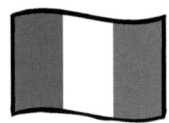

le français

ranska

l'arabe

arabia

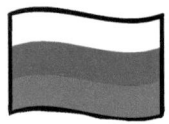

le russe

venäjä

le portugais

portugali

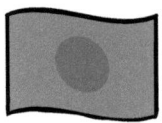

le bengali

bengali

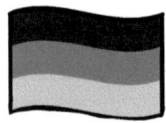

l'allemand

saksa

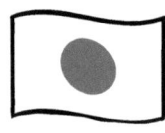

le japonais

japani

je
minä

tu
sinä

il / elle / ce, c', cela
hän

nous
me

vous
te

ils / elles
he

Qui ?
kuka?

Quoi ?
mitä / mikä?

Comment ?
miten?

Où ?
missä?

Quand ?
milloin?

HELLO, I AM

le nom
nimi

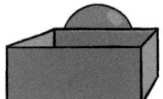

derrière

takana

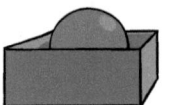

dans

sisällä

devant

edessä

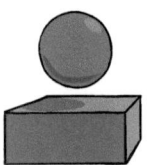

au-dessus

yläpuolella

sur

päällä

en-dessous

alapuolella

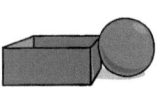

à côté de

vieressä

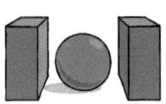

entre

välissä

le lieu

paikka